Première édition sous le titre *The Birthday Music Book* par Magic Cat Publishing,
une marque de Lucky Cat Publishing Ltd, Unit 2 Empress Works,
24 Grove Passage, London E2 9FQ, UK.

Direction de la publication : Sophie Chanourdie
Édition : Rachel Williams et Jenny Broom
pour l'édition anglaise, Virginie de Ruffray pour la présente édition
Graphisme : Mélissa Chalot et Amélie Garcin
Larousse - 21, rue du Montparnasse - 75006 Paris
ISBN : 978-2-0360-6541-3
337146/11058128
Dépôt légal : octobre 2024
Imprimé en Chine en avril 2024

Conforme à la loi n° 49-956 du 16 juillet 1949 sur les publications destinées à la jeunesse.

FSC
www.fsc.org
MIXTE
Papier | Pour une gestion forestière responsable
FSC® C122384

MON LIVRE SONORE

L'anniversaire *surprise*

Illustré par

Amy Adele

Larousse Jeunesse

LE BEAU DANUBE BLEU

Composé par Johann Strauss fils

Le jour se lève.
Souricette se réveille et bâille.
Elle s'étire et cligne des yeux.

– Aujourd'hui est un jour très spécial,
se dit-elle. *C'est mon anniversaire !*

DANS L'ANTRE DU ROI DE LA MONTAGNE

Composé par Edvard Grieg

Souricette jette un coup d'œil
à l'extérieur de sa chambre.

Elle entend des chuchotements.
En bas, tout le monde s'agite.
Quelque chose se prépare...

PRÉLUDE

Extrait de la *Suite n°1 en sol majeur*, composée par Jean-Sébastien Bach

– Bonjour, ma chérie !

Tu as bien dormi ? Que souhaites-tu faire, aujourd'hui ?

Tu pourrais aller cueillir des fleurs ?

Sois de retour d'ici une demi-heure.

Souricette se promène
gaiement dans la forêt.
Oh, les jolies fleurs !
Comme ça sent bon, par ici !

L'ODE À LA JOIE

Extrait de la *Neuvième Symphonie*, composée par Ludwig van Beethoven

Souricette s'accroupit au soleil pour cueillir
les fleurs les plus belles. Elle hume
leur délicieux parfum.

Soudain, elle entend les **cloches** de l'église résonner au loin.

C'est déjà l'heure de rentrer à la maison.
Vite ! Il ne faut pas être en retard !

Souricette se dépêche de rentrer chez elle.

LES NOCES DE FIGARO, OUVERTURE

Composée par Wolfgang Amadeus Mozart

Souricette n’en croit pas ses yeux :
tous ses amis sont là !
SURPRISE !

CANCAN

« Le Galop infernal », extrait d'*Orphée aux enfers*, composée par Jacques Offenbach

Souricette **rougit** à travers
sa fourrure de souris.
Tout ce monde rien que pour elle,
quelle surprise !

C'est la fête !
Tout le monde danse
en rythme, à présent.

JOYEUX ANNIVERSAIRE

Composé par Patty et Mildred J. Hill

Puis un grand silence s'installe dans la pièce...
Papa apporte alors un magnifique gâteau
illuminé de bougies.

De joyeux chants retentissent
dans toute la maison.
Joyeux anniversaire, Souricette !

POUR EN SAVOIR PLUS

1. Le Beau Danube bleu

Le Beau Danube bleu, composé par l'Autrichien Johann Strauss en 1867, est un célèbre morceau inspiré par le fleuve Danube. C'est une valse : une danse au rythme lent que l'on exécute en couple, en tournant et en comptant 1-2-3. Au début, *Le Beau Danube bleu* n'était pas très populaire, mais au fil du temps, il est devenu l'un des morceaux de musique classique les plus connus.

2. Dans l'antre du roi de la montagne

Dans l'antre du roi de la montagne est une création d'Edvard Grieg, compositeur norvégien (1843-1907). Cette musique a été inspirée par une pièce d'Henrik Ibsen, *Peer Gynt*, qui raconte les aventures d'un garçon qui s'introduit dans le royaume d'un roi mystérieux. La musique commence doucement puis s'accélère, vous donnant l'impression que vous êtes sur le point de vivre quelque chose d'extraordinaire !

3. Prélude

Jean-Sébastien Bach, célèbre compositeur allemand du XVIIIe siècle, a écrit six suites pour violoncelle entre 1717 et 1723. Ce prélude ouvre la *Suite pour violoncelle n° 1 en sol majeur*. Il a été rarement joué pendant plus de deux cents ans, mais il est aujourd'hui considéré comme l'une des œuvres musicales les plus importantes de Bach.

4. Ode à la joie

Ode à la joie a été composée par Ludwig van Beethoven au début du XIXe siècle. Elle fait partie de sa *Symphonie n° 9 en ré mineur*. Beethoven était un brillant compositeur allemand qui a écrit cette œuvre alors qu'il devenait sourd.

5. Ouverture, Guillaume Tell

Une ouverture est une introduction musicale à un opéra ou à un ballet. L'*Ouverture de Guillaume Tell* a été composée par Gioachino Rossini au début du XIXe siècle. Ce compositeur italien a créé trente-neuf opéras. Cette pièce emblématique est issue de son dernier opéra, qui raconte l'histoire d'un héros populaire suisse, Guillaume Tell.

6. Ouverture, Les Noces de Figaro

Ce morceau de musique ouvre *Les Noces de Figaro*, un opéra composé en 1786 par le prodigieux compositeur autrichien Wolfgang Amadeus Mozart à la fin du XVIIIe siècle. L'opéra raconte les escapades et les intrigues de Figaro, un audacieux serviteur. Il est considéré comme l'un des meilleurs opéras jamais écrits.

7. Cancan

Le véritable nom de *Cancan* est *Le Galop infernal*, tiré de l'opérette *Orphée aux enfers* de Jacques Offenbach. Une quinzaine d'années après la mort d'Offenbach, cette pièce entraînante a été jouée dans les cabarets parisiens du Moulin-Rouge et des Folies Bergère, où les danseurs ont exécuté une danse de haut vol appelée le *cancan*.

8. Joyeux anniversaire

Happy Birthday to You est la chanson anglaise la plus célèbre au monde. Elle a été composée par Patty Hill et sa sœur, Mildred J. Hill, deux institutrices américaines, de la fin du XIXe siècle. À l'origine, la chanson s'intitulait *Good Morning to All* et était utilisée pour accueillir les élèves dans la salle de classe.